Ernst Niederleithinger
Die zivilrechtliche Herausforderung des Kartellrechts

Schriftenreihe
der
Juristischen Gesellschaft zu Berlin

Heft 89

W
DE
G

1984
Walter de Gruyter · Berlin · New York

Die zivilrechtliche Herausforderung des Kartellrechts

Von
Ernst Niederleithinger

Vortrag
gehalten vor der
Juristischen Gesellschaft zu Berlin
am 25. März 1984

W
DE
G

1984
Walter de Gruyter · Berlin · New York

Dr. jur. Ernst Niederleithinger
Vizepräsident des Bundeskartellamtes, Berlin

CIP-Kurztitelaufnahme der Deutschen Bibliothek

Niederleithinger, Ernst:
Die zivilrechtliche Herausforderung des Kartell-
rechts : Vortrag, gehalten vor d. Jur. Ges. zu
Berlin am 25. März 1984 / von Ernst Niederleithin-
ger. – Berlin ; New York : de Gruyter, 1984.
  (Schriftenreihe der Juristischen Gesellschaft
  zu Berlin ; H. 89)
  ISBN 3-11-010225-0
NE: Juristische Gesellschaft ⟨Berlin, West⟩:
Schriftenreihe der Juristischen...

Die zivilrechtliche Herausforderung des Kartellrechts

I.

Es bedarf wohl zuerst die Erläuterung, wie es zu dem Thema meines Vortrages gekommen ist.

Als ich gefragt wurde, ob ich gelegentlich vor der Juristischen Gesellschaft zu Berlin einen Vortrag halten würde, hatte ich gerade den Aufsatz von *Walz* über die steuerrechtliche Herausforderung des Zivilrechts gelesen[1]. In einer jedenfalls für Rechtswissenschaftler temperamentvollen Weise geht *Walz* dort auf die Probleme ein, die sich aus der Verbindung der Steuerlast mit bestimmten zivilrechtlichen Vorgängen und aus verständlichen Ausweichbewegungen der Steuerbürger als Reaktion auf die Höhe der heutigen Steuerbelastung ergeben.

Ein ernst zu nehmendes zivilrechtliches Problem tritt hier auf, wenn im Interesse der Steuervermeidung oder -minderung zivilrechtliche Rechtsgeschäfte abgeschlossen werden, deren Wortlaut nicht mehr übereinstimmt mit dem tatsächlich erstrebten wirtschaftlichen Ziel und deren von den Vertragspartnern vorgenommene Zuweisung zu einem bestimmten Vertragstyp im Widerspruch steht zu den Grundvoraussetzungen, von denen der Gesetzgeber bei der Schaffung des Vertragstyps ausgegangen ist. Vehement wendet sich *Walz* gegen die Grundaussage vor allem in der Rechtsprechung des Bundesgerichtshofs, eine Vertragsgestaltung könne nicht steuerrechtlich gewollt, zugleich aber zivilrechtlich nicht gewollt sein – oder anders ausgedrückt: Wer zur Steuervermeidung eine bestimmte zivilrechtliche Konstruktion bevorzuge, müsse dann auch deren zivilrechtliche Nachteile gegen sich gelten lassen, wenn es z. B. zu Leistungsstörungen kommt. *Walz* plädiert für eigenständige Wertungen des Zivilrechts auch auf die Gefahr hin, daß dann das Steuerrecht den Vorteil der gewählten Konstruktion verweigert[2].

So wenig wie ich Anlaß und Ehrgeiz habe, auf dem Gebiet des Steuerrechts zu dilettieren, so sehr war der Aufsatz Anlaß für mich, die Überlegungen auf ein anderes Gebiet, das mir näher liegt, zu übertragen. Anlaß dafür gibt es auf vielen Gebieten. Dem steuerrechtlichen Feld am nächsten liegt das unübersichtliche Subventionsgelände, auf dem sachkundig beratene Unternehmen die vorgegebenen Voraussetzungen für allgemein zugängliche Subventionen durch entsprechenden zivilrechtli-

---

[1] W. Rainer Walz, ZHR 147. Bd., S. 281 ff.
[2] A. a. O. (Fn. 1) S. 299 ff.

chen Einfallsreichtum erst schaffen. Man könnte auch fast meinen, etwas ähnliches sei der Fall gewesen, als vor kurzem die Mehrheitsbeteiligung an einer Stahlhütte von einem deutschen Konzern teilweise an eine schweizerische Bank und an ein australisches Rohstoffunternehmen veräußert wurde mit der möglichen Folge, daß die nun mit dem deutschen Konzern nicht mehr hinreichend verbundene Hütte Anspruch auf eine hoheitliche Sonderkartellquote von 100 000 t Walzstahl hat. Aber vielleicht betrachten die beiden Erwerber die Hütte wirklich als Kapitalanlage.

Auch auf anderen Gebieten gibt es lohnende Objekte für solche Überlegungen. Denken Sie etwa an Industrieanlagen, die das betreffende Unternehmen weder fremd- noch eigenfinanziert, sondern die von einer fremdfinanzierten Objektgesellschaft bestellt, bezahlt und dann an das Industrieunternehmen vermietet werden. Dies hat nicht nur steuerrechtliche Konsequenzen, sondern kann auch zum spurlosen Verschwinden der betreffenden Anlage aus der Bilanz des Industrieunternehmens selbst dann führen, wenn die Anlage wie z. B. ein Kraftwerk oder ein Walzwerk nur für dieses Unternehmen errichtet wurde und auch nur von ihm genutzt werden kann. Selbstverständlich werden dann alle wirtschaftlichen und technischen Risiken diesem Mieter auferlegt, wie auch die Rentabilität der Objektgesellschaft ausschließlich von der Zahlungsfähigkeit des Mieters abhängt.

Auch für die Berechnung der Großkreditgrenze kann diese Rechtskonstruktion Bedeutung erlangen. Ich möchte mich dazu nicht mehr weiter äußern, um nicht in das Tätigkeitsgebiet einer anderen Bundesoberbehörde mit Sitz in Berlin einzudringen. Immerhin könnte sich eine Bank in diesem Zusammenhang einmal auf den Standpunkt stellen, ihr Kredit zur Finanzierung des Mietobjektes sei hinsichtlich der Berechnung der Großkreditgrenze nicht dem Industrieunternehmen gewährt, sondern der Objektgesellschaft, die dann wiederum auch nicht der Bank zugerechnet werden kann, wenn diese für sich allein keine Mehrheitsbeteiligung an der Objektgesellschaft hat.

II.

Wenn ich mich jetzt dem eigentlichen Thema zuwende, muß ich vorweg betonen, daß der schon bei der Formulierung des Themas vorausgesetzte Spannungszustand zwischen Zivilrecht und Kartellrecht keineswegs einseitig ist. Auch der Kartellbeamte kann schlechterdings nicht übersehen, daß nicht nur das Zivilrecht das Kartellrecht herausfordert, was noch darzulegen ist, sondern auch das Kartellrecht tief in das Zivilrecht eingreift, indem es die Privatautonomie als tragenden Grundpfeiler und Schutzobjekt des Zivilrechts wesentlich einschränkt. Es könnte hier schon ausreichen, beispielsweise darauf hinzuweisen, daß das Kartellrecht dem Lieferanten von Markenwaren unter gewissen Voraussetzungen einen Kontrahierungszwang zugunsten eines Handelsunternehmens zumutet. Er wird als einschneidend wohl auch deswegen empfunden, weil selbst bei entsprechender Marktmacht des Abnehmers praktisch kein reziproker Abnahmezwang zu seinen Lasten durchsetzbar ist.

Am Rande sei hier auf der Grundlage der heute vorliegenden langen Erfahrungen erwähnt, daß das Kartellrecht in einem formellen Punkt sicher überzogen in das Vertragsrecht eingreift – durch das Schriftformerfordernis des § 34 GWB für wettbewerbsbeschränkende Verträge. Da diese Regelung nicht nur für Kartellverträge gilt, die insbesondere als Grundvoraussetzung für Freistellungsverfahren nach §§ 2 ff., 99 ff. GWB schriftlich vorliegen müssen, sondern auch Austauschverträge mit wettbewerbsbeschränkenden Klauseln vor allem der in §§ 18 und 20, 21 GWB bezeichneten Art erfaßt, führt sie zu Vertragsabschlußerschwerungen nicht nur bei individuell ausgehandelten und formulierten Verträgen. Wenn der Absatz einzelner Branchen üblicherweise über Verträge mit bestimmten Ausschließlichkeitsbedingungen vorgenommen wird, ist nicht nur eine unübersehbare Zahl von Einzelverträgen formbedürftig, sondern praktisch das gesamte Vertriebswesen der Branche mit den Erschwerungen und Fallstricken des § 34 GWB belastet. Als Beispiele sollen hier nur die Bereiche Elektrizitätsversorgung, Fernwärmelieferung, Bierlieferung an Gaststätten, Aufstellung von Spiel- und Warenautomaten, Handelsvertretungen und Vertriebsbindungen genannt werden. Auch die durch § 16 GWB zugelassene Verlagspreisbindung, die schriftliche Verpflichtungen jedes einzelnen Buchhändlers gegenüber jedem preisbindenden Verlag über bestimmte einzelne Verlagserzeugnisse voraussetzt, ist seit 1958 nur noch mit Hilfe eines Sammelreversverfahrens realisierbar, das zwar sachgerecht ist, aber den Vorwurf eines eventuell gar nicht zulässigen kollektiven Vorgehens der Verlage tragen muß.

Wenn man davon ausgeht, daß die Schriftform des § 34 GWB vor allem im Interesse der Kartellbehörden an einer einfachen und unstreitigen Feststellung des Inhalts wettbewerbsbeschränkender Abreden eingeführt wurde, und dem die außerordentliche geringe Zahl der Verwaltungsverfahren gegen derartige Verträge gegenübersteht, liegt es nahe, von einem Mißverhältnis zwischen Aufwand und Ertrag zu sprechen. Da sich § 34 GWB nicht auf spezifisch verwaltungsrechtliche Konsequenzen beschränkt, sondern die Nichtigkeit des formbedürftigen, aber nicht formgerecht abgeschlossenen Vertrages insgesamt vorsieht, dürfte der Haupteffekt der Regelung – neben einer bestimmten Bürokratisierung – in der gelegentlichen Chance eines Vertragspartners liegen, sich von einem nicht formgerechten Vertrag vorzeitig lossagen zu können. Abge-

sehen davon ist der Kartellsenat des Bundesgerichtshofs in den letzten
drei Jahren fast zur Hälfte mit Zivilsachen belastet, deren einzige kartellrechtliche Frage ein immer wieder neues Detail der Schriftform des § 34
GWB ist. Wäre nicht eine differenzierte Regelung notwendig, die sowohl
Bedürfnisse der Wirtschaftspraxis als auch Erfordernisse der Kartellver-
waltungsverfahren berücksichtigt, wäre eine Änderung des § 34 GWB
durchaus schon bei den gegenwärtigen Entbürokratisierungsbemühungen
des Bundesministers für Wirtschaft in Betracht gekommen.

Kaum noch umstritten ist auf der anderen Seite die Einschränkung der
Privatautonomie durch das Kartellverbot, da es dem Unternehmen die
autonome Gestaltung seines Produktions- und Marktverhaltens beläßt
und ihm lediglich die gemeinsame einvernehmliche Festlegung zusammen
mit anderen Wettbewerbern verbietet. So unumstritten das grundlegende
Kartellverbot heute ist, sowenig sollte man vergessen, daß es bei uns in
Deutschland eigentlich noch keine Tradition hat. Es stammt aus dem
Jahre 1957 und wurde erst durch einen langen und heftig umstrittenen
Kompromiß Gesetz. Fünfzig Jahre vorher – was ist dies für ein kurzer
Zeitraum im Hinblick auf grundlegende privatrechtliche Entwicklungen –
hatte das Reichsgericht noch erkannt: „Seitdem es in Staat und Gemeinde
üblich geworden ist, Arbeiten aufgrund öffentlicher Ausschreibungen an
den Mindestfordernden zu vergeben, bildete die dadurch entfesselte
schrankenlose Konkurrenz durch unreelle Unterbietungen eine schwere
Gefahr für den Handwerkerstand. Vereinbarungen, die bezwecken, die
Gefahr zu bekämpfen und angemessene Preise aufrechtzuerhalten, sind
grundsätzlich als zulässig anzusehen. Sie sind sowenig gegen die guten
Sitten, daß sie vom Standpunkt einer gesunden Wirtschaftspolitik im
Gegenteil Billigung verdienen. ... Die Festsetzung von Mindestgeboten
mit der Abrede, daß die übrigen Teilnehmer das Mindestgebot überbieten
müssen, gehört zu dem selbstverständlichen Inhalt solcher Vereinbarungen. Auch die Geheimhaltung ist selbstverständlich..."[3]

III.

Umgekehrt fordert nun aber das Zivilrecht das Kartellrecht her-
aus, indem es den Unternehmen, die einen aus ihrer Sicht zweckmäßigen
und angemessenen Plan in einer bestimmten Form wegen kartellrechtlicher Vorschriften nicht verwirklichen können, erst einmal nahezu unbegrenzt andere Formen zur Verfügung stellt. Sie können geeignet sein, daß
kartellrechtlich mißbilligte Ziel doch zu erreichen. Während es im Span-
nungsfeld zwischen Zivilrecht und Steuerrecht im wesentlichen darum
geht, inwieweit das Zivilrecht die steuerrechtlich motivierte, zivilrechtlich

[3] RG, 7. 3. 1908 – I 357/07, Warneyers Entscheidungssammlung 1908 Nr. 354.

aber sachwidrige Gestaltung in seinem Bereich, also etwa bei Leistungsstörungen anerkennen soll oder sogar muß, geht es hier um die Frage, ob
die vom Zivilrecht bereitwillig zur Verfügung gestellten Ausweichmöglichkeiten kartellrechtlich erfolgreich sind – d.h. bei im wesentlichen
identischem wirtschaftlichen Erfolg das kartellrechtliche Verbot vermeiden.

Die Antwort auf diese Frage kann sicher kein unbeschränktes Ja und
kein unbedingtes Nein sein. Dies ist schon deswegen ausgeschlossen, weil
wir es bei dem Kartellrecht nicht mit einer zentralen Norm zu tun haben,
die einer einheitlichen Fragestellung und deswegen auch einer generellen
Antwort zugänglich wäre. Außerdem führen die Ausweichbewegungen
der dem Kartellrecht unterliegenden Unternehmen mit Hilfe anderer
zivilrechtlicher Gestaltungsformen vielfach nicht zu dem ursprünglich
gewünschten oder wenigstens zu einem gleichwertigen Ziel. Es wird nur
weitgehend oder sogar nur teilweise erreicht, so daß sich dann die Frage
stellen muß, ob das Kartellrecht auch noch diese Gestaltungsform verbie-
ten soll.

Ich will mich auf zwei zivilrechtsrelevante Vorschriften des Kartellrechts beschränken, um beispielhaft darzulegen, inwieweit das Kartellrecht die in der Gestaltungsfreiheit des Zivilrechts liegende Herausforderung besteht. An die erste Stelle setze ich dabei das klassische Verbot der
Kartellverträge durch § 1 GWB, an die zweite Stelle die wesentlich
modernere Zusammenschlußkontrolle, die bekanntlich ebenfalls an einen
regelmäßig zivilrechtlichen Tatbestand – den Zusammenschluß von
Unternehmen – anknüpft. Einen besonders aktuellen Fall, das Auswei-
chen vom Eigenhändlervertrieb auf ein Agentursystem, um dadurch das
Preisbindungsverbot des § 15 GWB zu vermeiden, möchte ich ausklam-
mern, da es sich insoweit um ein anhängiges Verfahren handelt[4].

IV.

Das Kartellverbot begann die Auseinandersetzung um seine Reichweite
mit einem beträchtlichen Handikap. Ich sehe dies vor allem darin, daß der
Gesetzgeber eine Definition des Kartellbegriffs in § 1 GWB festschrieb,
die in den 20er Jahren zu anderen Zwecken entwickelt worden war. In
einer Zeit fast unbegrenzter Kartellfreiheit ging es erst einmal darum, für
eine begrenzte Kartellaufsicht nach der Kartellverordnung von 1923 die
prägenden Elemente des typischen Kartells zu ermitteln und daraus einen
Kartellbegriff zu entwickeln; es konnte nicht darum gehen, auch untypi-

---

[4] BKartA, 24.9.1983 – B 4-56/83 – Telefunken Fernseh- und Rundfunk
GmbH, nicht rechtskräftig.

sche Fälle oder Randerscheinungen sachgerecht zu erfassen. Für Umgehungsformen bestand ohnedies kein Anlaß, da Kartelle im Prinzip unbegrenzt zulässig blieben. Obwohl die Väter des Regierungsentwurfs eine Reihe von Überlegungen und Erweiterungen, die sie im Wortlaut des Gesetzes nicht zum Ausdruck bringen konnten, in bewährter Gesetzgebungstechnik wenigstens in der Regierungsbegründung unterbrachten, drohte dem Kartellverbot wegen der Anknüpfung an den Stand der 20er Jahre in drei Punkten, auf die ich noch eingehen werde, eine jede Effizienz ausschließende Einschränkung.

Ein weiteres Handikap war eine spezifische Verknüpfung ordnungspolitischer Ziele des Kartellverbots mit dem Zivilrecht. Ich will nur erwähnen, daß sich das Kartellrecht in Deutschland traditionell fast als Teil des Zivilrechts begreift, obwohl man es doch auch vor allem als ein Instrument des Wirtschaftsverwaltungsrechtes verstehen könnte; das Heranrücken an die Gewerbeaufsicht ist nicht nur dem Kartellbeamten unbehaglich. Demgemäß ist die Versagung der zivilrechtlichen Wirksamkeit oder – anders ausgedrückt – das Verweigern der Durchsetzung von Kartellverträgen mit Hilfe der staatlichen Gerichte die primäre Sanktion des § 1 GWB. Erst recht auf der Grundlage einer heute wieder im Vordringen begriffenen spezifischen ordnungspolitischen Grundvorstellung, die sich nur gegen Freiheitsbeschränkungen richten will, wurde im Gesetzgebungsverfahren durchaus erfolgversprechend vorgeschlagen, auf alle weiteren Sanktionen insbesondere also auf die Pönalisierung des Kartellverstoßes zu verzichten. Bis heute ist das Kartellverbot des § 1 GWB deshalb eigentlich gar kein Verbot – sondern nur die Anordnung der Unwirksamkeit für Kartellverträge. Die übrigen gegen Kartelle gerichteten Regelungen sind sekundärer Art, vielleicht sogar nur nachrangige Sanktionen.

Anzumerken ist schließlich, daß die kartellrechtliche Rechtsprechung insgesamt der ordentlichen Gerichtsbarkeit zugewiesen ist. Die erprobte, in manchen Bereichen auch sehr ambitionierte Verwaltungsgerichtsbarkeit ist ausgeschlossen. Jedenfalls 1958 war es völlig offen, ob die meist aus dem Zivilrecht kommenden Mitglieder der Kartellsenate bereit sein würden, einen tiefen Einbruch des Kartellrechts in die zivilrechtliche Gestaltungsfreiheit zu billigen, um dadurch einem neuen ordnungspolitischen Grundverständnis zum Durchbruch zu verhelfen.

Nun zu den drei Einschränkungen, die dem Kartellverbot durch den Einfluß des Zivilrechts drohen:

Zu einem ersten Konflikt zwischen vorgefundenen und vielleicht auch übernommenen zivilrechtlichen Vorstellungen und wettbewerbspolitischen Zielen kommt es schon wegen des in § 1 GWB enthaltenen Vertragsbegriffs. Bekanntlich erklärt das Kartellverbot nicht ein Zusammenwirken von Wettbewerbern im allgemeinen oder unter bestimmten Voraussetzungen für verboten, sondern Verträge für unwirksam. Wenn dann in der Regierungsbegründung betont wird, auf die Anordnung der weitergehenden Nichtigkeit habe man verzichten müssen, da angesichts einer möglichen Kartellerlaubnis nach § 2 ff. GWB erst einmal nur eine schwebende Unwirksamkeit bis zur Klärung der Freistellung in Frage komme[5], dann kann eigentlich kein Zweifel mehr bestehen, daß nur Verträge im zivilrechtlichen Sinne vom Kartellverbot erfaßt werden.

Konsequent zu Ende gedacht hätte das zur Folge, daß wettbewerbsbeschränkende Absprachen, die von den Beteiligten in voller Kenntnis des Kartellverbots, d. h. ohne auf rechtliche Verbindlichkeit gerichteten Willen getroffen werden, gar nicht erst unter das Kartellverbot fallen. Da in diesem Fall von den Beteiligten gar keine rechtlich wirksame Absprache beabsichtigt ist, wäre diese Einschränkung des Kartellverbots noch hinzunehmen, wenn nicht die Pönalisierung des Kartellverbots in § 38 Abs. 1 Nr. 1 GWB wiederum an die durch § 1 GWB herbeigeführte Unwirksamkeit des Kartellvertrages anknüpfen würde. Die Übernahme des zivilrechtlichen Vertragsbegriffs hätte deshalb die schon absurde Folge, daß Personen, die in Unkenntnis der genauen Reichweite des Kartellverbotes eine verbindliche Abrede wollen, mit Geldbußen bestraft werden. Personen, die sich mit ihrer Absprache bewußt über das Kartellrecht hinwegsetzen, blieben von jeder Sanktion unberührt. Da sie keine wirksame Abrede wollen, geht § 1 GWB insoweit unmittelbar ins Leere; da § 1 GWB folglich keine Unwirksamkeit herbeiführt, entfällt mittelbar die Pönalisierung.

Wohl wegen dieses schlechtweg abwegigen Ergebnisses hat sich die Rechtsprechung praktisch ohne Begründung über die Anknüpfung des § 1 GWB an den zivilrechtlichen Vertragsbegriff hinweggesetzt. Ohne die in der Literatur angebotenen, teilweise allerdings etwas umständlichen Lösungen auch nur zu erwähnen, hat sie einen Vertrag im Sinne des § 1 GWB als Grundlage einer Ordnungswidrigkeit im Sinne des § 38 GWB auch bei bewußt unwirksamen, weil als verboten von vornherein erkannten Absprachen angenommen[6]. Die kartellrechtliche Praxis hielt die Verkündung des eigenständigen kartellrechtlichen Vertragsbegriffs, d. h. die Abkoppelung von dem als Fessel erkannten zivilrechtlichen Begriff auch dann noch aufrecht, als mit der zweiten Novelle das zusätzliche Abstimmungsverbot des § 25 Abs. 1 GWB eingeführt wurde und deshalb insoweit eigentlich gar kein Anlaß mehr für die Abkoppelung des § 1 GWB vom Zivilrecht bestand. Deshalb hat das Abstimmungsverbot, das im übrigen eine politische Reaktion auf eine Fehlinterpretation des Farben-

---

[5] Bundestagsdrucksache II/1158, S. 31.
[6] Vgl. z. B. BGH, 15. 2. 1962 „Putzarbeiten II" WuW/E BGH 495, 497.

beschlusses des Bundesgerichtshofs⁷ war, bisher nur einen sehr schmalen Anwendungsbereich gewonnen.

Bei dem gemeinsamen Zweck, den § 1 GWB ausdrücklich als weiteres Element der Kartelldefinition vorsieht, war das Risiko kartellrechtlicher Ineffizienz aufgrund zivilrechtlicher Vorgaben wohl noch erheblich größer. Wie in der Regierungsbegründung ausdrücklich erklärt wird, knüpft das Gesetz damit mittelbar an § 705 BGB an⁸, d. h. an einen bestimmten bürgerlich-rechtlichen Vertragstyp. Abgesehen davon, daß dies schon für eine Reihe typischer Kartellabsprachen (z. B. bei der Ad hoc-Absprache zweier Bauunternehmen, einer werde nur ein nicht ernstgemeintes Schutzangebot zur Absicherung des ernstgemeinten Angebots des anderen abgeben) zweifelhaft ist, konnte das Zivilrecht dadurch ermöglichen, einen gewollten Vertragstyp, der kartellrechtlich unvorteilhaft ist, durch einen anderen Vertragstyp zu ersetzen, der nicht verboten ist. Gerade durch die verfehlte Anknüpfung des § 1 GWB an einen bestimmten zivilrechtlichen Vertragstyp drohte also das Kartellverbot zur Disposition der Kautelarjurisprudenz zu stehen. Zu denken wäre etwa an die Gründung einer wettbewerbsneutralen Gesellschaft – zu einem gemeinsamen Zweck – und die Verlegung der wettbewerbsbeschränkenden Abreden in Einzelverträge – ohne gemeinsamen Zweck – zwischen den beteiligten Unternehmen und der Gesellschaft.

Es besteht heute kein Anlaß mehr, diese Gefahr in grellen Farben auszumalen; denn ein weiteres Mal hat die Rechtsprechung – hier vor allem der Kartellsenat des Bundesgerichtshofs – souverän die Eigenständigkeit des Kartellrechts auch bei einem Begriff mit eindeutig zivilrechtlicher Vergangenheit reklamiert⁹. Danach dient das Tatbestandsmerkmal „gemeinsamer Zweck" in § 1 GWB letztlich nur noch der Beschränkung des Kartellverbots auf Absprachen zwischen Wettbewerbern im Gegensatz zu vertikalen Absprachen zwischen Lieferanten und Abnehmern. Damit ist die Anwendung des Kartellverbots nicht nur auf die erwähnten Ad hoc-Absprachen zweier Bauunternehmer, sondern auch auf die bei Unternehmensveräußerungen vereinbarten übermäßigen Wettbewerbsverbote und auch auf Stillegungsvereinbarungen gesichert. Entsprechend gering sind die Chancen, mit der Aufteilung von Gesamtvertragswerken in mehrere angeblich unabhängige Einzelverträge dem Kartellverbot zu entgehen. Nach Auffassung des Bundesgerichtshofs kommt es für die Frage, ob mehrere Verträge als gesamtheitliches Vertragswerk insgesamt der kartellrechtlichen Beurteilung unterliegen, eher auf den wirtschaftli-

---

⁷ BGH, 17. 12. 1970 „Teerfarben" WuW/E BGH 1147.
⁸ A. a. O. (Fn. 5) S. 30.
⁹ BGH, 14. 10. 1976 „Fertigbeton" WuW/E BGH 1458, 1461.

chen Zusammenhang als auf den erklärten Willen der Vertragsbeteiligten an[10].

Ich komme nun zu dem dritten zentralen wettbewerbspolitischen Problem, das ich in diesem Zusammenhang zu erörtern habe. Nach dem Verlauf der Kartelldiskussion in Deutschland kann es kaum zweifelhaft sein, daß unter den ab 1958 grundsätzlich verbotenen Kartellen solche Verträge zwischen Wettbewerbern verstanden werden sollten, in denen sich die Vertragspartner untereinander zu einem bestimmten Wettbewerbsverhalten verpflichten. Die Koordination der Kartellmitglieder war stets Gegenstand der Regelungen, die man üblicherweise als Kartellverträge bezeichnet.

In der Schlußphase der Beratungen des Bundestages wurde das im Zusammenhang mit den Einkaufsgemeinschaften noch einmal ausdrücklich betont[11]. Wegen der Anknüpfung des Kartellverbots an zivilrechtliche Tatbestände und Begriffe einerseits und wegen der Flexibilität des Zivilrechts andererseits war damit der Konflikt vorprogrammiert. Je zivilrechtlicher das Kartellverbot interpretiert wurde, desto stärker wurden die Unternehmen und ihre Berater geradezu zu Ausweichbewegungen gedrängt.

In einer ersten Phase wurden eine Reihe von klassischen Kartellorganisationen, regelmäßig Verkaufssyndikate der Grundstoffindustrie, hinsichtlich des Wortlauts der Kartellverträge mehrfach umgestaltet, nachdem ihnen der Weg zur Kartellerlaubnis über § 5 Abs. 2 und 3 GWB verbaut war[12]. Die Verpflichtung zum ausschließlichen Vertrieb über das Syndikat wurde gestrichen, die Freiheit zum selbständigen Vertrieb sogar ausdrücklich Vertragsinhalt – zugleich wurden aber teilweise bei unerwünschtem Gebrauch der Vertriebsfreiheit Nachteile vorgesehen.

In einer zweiten Phase wurde der Vorrang wichtiger Grundregeln des Gesellschaftsrechts geltend gemacht. Der Grundsatz der Gleichbehandlung aller Gesellschafter wurde bemüht, um eine entsprechende Bestimmung in den Verträgen zu rechtfertigen, die eine gleichmäßige Verteilung der Aufträge an die Gesellschafter nach Kapitalanteilen oder eine gleichmäßige Auslastung aller Gesellschafterwerke vorsah. Ebenso wurde die vorrangige Geltung des Wettbewerbsverbotes des § 112 HGB ins Feld geführt.

---

[10] BGH, 19.6.1975 „Zementvertriebsstelle Niedersachsen" WuW/E BGH 1367, 1369.

[11] Günther, MA 1957, 44; vgl. auch Bericht des Ausschusses für Wirtschaftspolitik, Drucksache II/3644, S.15.

[12] Vgl. die Entscheidungen zu Zementsyndikaten: WuW/E BKartA 549, 564, 1001; OLG 936; BGH 967.

In einer dritten Phase magerten die Gesellschaftsverträge fast bis zur völligen Unkenntlichkeit ab. Nach Streichung aller von den Kartellbehörden beanstandeten Bestimmungen vertrauten die Unternehmen einerseits auf die weiterhin einvernehmliche Handhabung, andererseits auf die subsidiäre Geltung gesellschaftsrechtlicher Normen – z. B. des Gleichbehandlungsgebots – oder des § 112 HGB. In diesem Zusammenhang sprach dann einmal einer meiner Kollegen davon, bei einer engen Interpretation des Kartellverbots im Sinne der zivilrechtlich geprägten Gegenstandstheorie und einer entsprechenden virtuosen Umgestaltung der bisherigen Kartellverträge könne man Lösungen erzielen, die sowohl kartellfrei, als auch frei von Wettbewerb sind[13].

Es ist eine Eigenart des Kartellrechts, daß eine einzige Rechtsbeschwerdeentscheidung des Bundesgerichtshofs, die noch dazu nur wegen eines – vom Standpunkt der Unternehmen aus gesehen – sehr unglücklichen Feststellungsantrages nach Erledigung der Hauptsache möglich war, den Streit grundsätzlich entschieden hat[14]. Im Fall Zementvertrieb Niedersachsen führte der Kartellsenat aus, die im Regelfall vorliegende zivilrechtliche wettbewerbsbeschränkende Verpflichtung werde durch die gemeinsame Erwartung eines von den gemeinsamen Zielvorstellungen her gesehen kaufmännisch vernünftigen Verhaltens der Vertragspartner ersetzt. Wenn man auch noch davon ausgeht, daß in einem solchen Fall selbst bei einem Widerspruch zwischen dem eindeutigen Vertragswortlaut und den tatsächlichen Erwartungen letztere maßgebend sind, ist der Bundesgerichtshof der bei einer zivilrechtlichen Betrachtung drohenden Ineffizienz des Kartellverbots wirksam entgegengetreten. Die zivilrechtliche Herausforderung des Kartellrechts findet dann insoweit nicht mehr statt.

Um das Gewicht dieser Entscheidung und die Eigenständigkeit des Kartellrechts insoweit zu unterstreichen, genügt hier wohl die rhetorische Frage: Wie sähe das Steuerrecht aus, wie stünde es um gewisse steuerrechtlich motivierte Ausweichlösungen, wenn der Bundesfinanzhof sich den Kartellsenat des Bundesgerichtshofs zum Vorbild genommen hätte?

Die Antwort ist eindeutig: Dann wäre das Leasing unternehmensspezifischer Anlagen eine Kreditgewährung an den wirklichen Anlagenkäufer und -betreiber; das Bauherrenmodell wäre ein Kauf einer Immobilie zum Festpreis und die Publikums-GmbH & Co. KG eine Körperschaft. Es ist vielleicht nicht nur meinem steuerrechtlichen Dilettantismus zuzuschrei-

---

[13] Pickel, DB 1968, 295 ff.
[14] BGH, 16. 9. 1979 „Zementverkaufsstelle Niedersachsen" WuW/E BGH 1367 ff.

ben, wenn ich Sympathie für eine solche den wirklichen wirtschaftlichen Verhältnissen entsprechende Wertung bekunde.

An dieser Stelle bleibt nur die Feststellung, daß die anfängliche zivilrechtliche Herausforderung des Kartellrechts hier durch die von der Rechtsprechung postulierte Selbständigkeit des Kartellrechts endgültig zurückgewiesen worden ist – und dies trotz der verfehlten Anknüpfung des § 1 GWB an zivilrechtliche Begriffe und Fakten. Nach der Entscheidung Zementvertrieb Niedersachsen entsprach dem aus dem Unternehmenslager zu vernehmenden Unmut eine nicht nur momentane Sprachlosigkeit der Kartellbehörden, denen der Kartellsenat des Bundesgerichtshofs auf seine Weise mehr gegeben hatte, als das Bundeskartellamt in dem Verfahren erreichen wollte. Die Kartellbehörden benötigten Jahre, um den Spielraum auszufüllen, der ihnen nunmehr eingeräumt war. Von einigen weiterhin unklaren Sonderfällen, zu denen allerdings auch die Einkaufsgemeinschaften gehören, abgesehen, erfaßt das Kartellverbot heute unbestritten ohne Rücksicht auf die zivilrechtliche Gestaltung alle wirtschaftlichen Sachverhalte, die auch bei einer ehrgeizigen wettbewerbspolitischen Zielsetzung unter ein Kartellverbot fallen können. In der Praxis gehen die Diskussionen heute eher in die Richtung auf eine vorsichtige Reduzierung der Anwendung des Kartellverbotes

- sei es durch eine konkretere Gestaltung des Spürbarkeitskriteriums zur Vermeidung der Erfassung von Bagatellfällen;
- sei es durch Anerkennung eines Konzentrationsprivilegs bei bestimmten Gemeinschaftsunternehmen.

V.

Wenn ich nun mit der Zusammenschlußkontrolle den zweiten angekündigten Bereich des Kartellrechts anspreche, dessen – vorsichtig ausgedrückt – Berührungspunkte mit dem Zivilrecht hier zu erörtern sind, ist es nicht erforderlich, auf die allgemeinen Prinzipien der Zusammenschlußkontrolle einzugehen, deren drei Stufen bekannt sind:

- Erst die Prüfung, ob ein bestimmter Konzentrationsvorgang „einen Zusammenschluß von Unternehmen" darstellt;
- dann die Prüfung, ob durch den Konzentrationsvorgang eine marktbeherrschende Stellung entsteht oder eine bereits vorhandene Stellung dieser Art verstärkt wird;
- schließlich die Prüfung, ob überwiegende andere Gründe eine Ausnahmeerlaubnis rechtfertigen, die dem Bundesminister für Wirtschaft vorbehalten ist – eine Befugnis, von der er bisher sehr vorsichtig Gebrauch gemacht hat.

Vielleicht sollte ich aber an dieser Stelle schon einmal auf einen ersten, wenn auch äußerlichen Unterschied zwischen dem Kartellverbot des § 1 GWB und der Zusammenschlußkontrolle aufmerksam machen. Das Kartellverbot ist eine Generalklausel mit insgesamt 43 Worten und ist seit 1958 unverändert in Kraft. Die Zusammenschlußkontrolle umfaßt mit §§ 23 bis 24 a GWB in einer völlig anderen Gesetzgebungstechnik leicht acht Druckseiten und ist, 1973 eingeführt, immerhin schon zweimal novelliert worden. Ich darf nur daran erinnern, daß hier allein drei Gruppen von Marktbeherrschungsvermutungen zu beachten sind, die nicht nur unterschiedliche Voraussetzungen, sondern auch unterschiedliche Rechtsqualität haben. Von der Gesetzgebungstechnik im einzelnen will ich gar nicht sprechen. Sie ist formal so kompliziert, daß man sich anfangs in einem Fall nicht einmal über die richtige Zählung der Sätze und Halbsätze als Untergliederung einer von fünf Nummern eines Paragraphenabsatzes einig war[15].

Der Einfluß des Zivilrechts ist bei dem ersten Prüfungsschritt – Zusammenschlußtatbestand – offenkundig. Der Gesetzgeber hat darauf verzichtet, insoweit ebenso wie beim Untersagungs- und beim Erlaubnistatbestand eine Generalklausel einzuführen. Dies wäre durchaus möglich gewesen, wenn auch die Nachteile besonders unter dem Gesichtspunkt der Rechtssicherheit bis zu einer Klärung der wichtigsten Fallgruppen in Praxis und Rechtsprechung nicht zu verkennen sind. Statt dessen hat der Gesetzgeber einen abschließenden Katalog der Zusammenschlußtatbestände aufgestellt, der auch durch die sogenannte Auffangklausel des § 23 Abs. 2 Nr. 5 GWB nicht wirklich geöffnet worden ist; denn einerseits gilt diese Klausel nur subsidiär für andere Konzentrationsformen und andererseits geht sie von einer sehr hohen Schwelle der Herrschaft eines Unternehmens über ein anderes Unternehmen aus.

Ich möchte mich auf die Zusammenschlußtatbestände des § 23 Abs. 2 Nr. 1 und 2 GWB und hierbei auf den Vermögenserwerb und auf den Anteilserwerb in Höhe von mindestens 25% des stimmberechtigten Kapitals beispielhaft beschränken. Die offene Flanke des Kartellrechts gegenüber dem Zivilrecht ist in diesen Fällen weniger die Tatsache, daß die Zusammenschlußtatbestände selbstverständlich zivilrechtliche Subjekte und Objekte voraussetzen – also eine Gesellschaft mit einem stimmberechtigten Kapital oder Rechte und Werte, die zu einem Unternehmensvermögen summierbar sind. Problematisch ist vielmehr, daß der Gesetzgeber ausdrücklich vom *Erwerb* von Vermögen oder Anteilen ausgeht. Soll dieser juristische Ausdruck in einem rechtlichen Zusammen-

---

[15] Gemeint ist § 23 Abs. 2 Nr. 2.

hang einen präzisen Inhalt haben, so wird erst einmal davon auszugehen sein, daß hier der Übergang des Vollrechts von einem Rechtsträger auf einen anderen gemeint ist, nicht aber die Übertragung von Teilrechten, schon gar nicht die Vorbereitung des Erwerbs. Damit erfaßt die Zusammenschlußkontrolle zweifellos den typischen oder doch den regelmäßigen Konzentrationsvorgang. Es ist aber offenkundig, daß jemand auch auf andere Weise wettbewerbsrelevanten Zugriff auf Unternehmensvermögen und Gesellschaftsanteile erhalten kann.

Wenn ich hier die Unternehmensverträge im Sinne von § 23 Abs. 2 Nr. 3 GWB, die personelle Verflechtung im Sinne von Nr. 4 und die Auffangklausel der Nr. 5 außer Betracht lasse, sind vor allem zwei Problemfelder zu beachten:

1. Der neue Eigentümer bzw. Anteilsinhaber wird in Einzelfällen trotz Erwerb des Vollrechts – jedenfalls in wirtschaftlicher und damit auch in wettbewerblicher Sicht – nur oder auch für eine andere Person tätig. Diese absichtlich ungenaue Formulierung deckt eine Reihe höchst unterschiedlicher Fallgruppen.

Ist das erwerbende Unternehmen von einem anderen Unternehmen abhängig oder mit ihm sogar konzernmäßig verbunden, löst die positive Sonderregelung des § 23 Abs. 3 Satz 3 GWB vorsorglich alle üblicherweise vorkommenden Zurechnungsprobleme durch eine alle verbundenen Unternehmen im In- und Ausland zusammenfassende Sicht. Insoweit ist übrigens das Kartellrecht wirklichkeitsnäher selbst als die eben entstehende Neufassung des Bankenaufsichtsrechts. Wenn der Erwerber aber nur in einem ganz konkreten Einzelfall im wirtschaftlichen Interesse eines Dritten tätig wird, um ihm den wettbewerbsrelevanten Zugriff auf ein Vermögen oder auf eine Gesellschaft zu ermöglichen, wenn also wirtschaftlich ein Fall der Treuhand vorliegt, versagt der Gesetzeswortlaut; denn die Ausdehnung der speziellen Vorschrift des § 23 Abs. 2 Nr. 2 Satz 2 GWB auf alle Erwerbstatbestände und -fallgruppen ist methodisch eher problematisch. Man könnte also den Treuhänder als Erwerber ansehen, den Zusammenschluß also nur wegen der dem Treuhänder zuwachsenden Macht beurteilen und dabei außer Betracht lassen, daß das Zivilrecht viele Möglichkeiten bereithält, um dem Treugeber, nicht dem Treuhänder den wettbewerbsrelevanten Einfluß auf das Treugut zu sichern.

Die gerade in wettbewerblicher Hinsicht sachwidrige Zuordnung zum Treuhänder hat die kartellbehördliche Praxis weitgehend mit traditionellen Mitteln des Zivilrechts abgewehrt; denn schließlich hat dieses längst unter anderen Gesichtspunkten die nur formale Zuordnung des Treuguts zum Eigentumsbereich des Treuhänders korrigiert. Allerdings ging die Kartellpraxis wesentlich über das im Zivilrecht Anerkannte hinaus. Insbesondere wurde auch der unmittelbare Erwerb des Treugutes von einem

18

Dritten als Erwerb des Treugebers erfaßt. Aber auch die sonstigen Voraussetzungen, unter denen ein Treuhandverhältnis anzunehmen ist, sind mehr und mehr den kartellrechtlichen Erfordernissen angepaßt worden. Auch Vertragskonstruktionen, bei denen z. B. eine als Erwerber auftretende Bank vom Treugeber nur eine Vergütung in Höhe eines angemessenen Zinses auf den von der Bank aufgewendeten Kaufpreis erhält und dafür dem Treugeber ein Optionsrecht auf die erworbenen Anteile zum ursprünglichen Kaufpreis ohne Rücksicht auf inzwischen eingetretene wirtschaftliche Entwicklungen einräumt, sind als wirtschaftliche Treuhandlösung uneingeschränkt der Fusionskontrolle unterstellt worden[16]. Mit zunehmender Erfahrung bei immer neuen Fallgestaltungen kann sich die Ausweitung des Erwerbsbegriffes noch fortsetzen, wird aber sicher auf eine unüberwindbare Grenze stoßen, wenn die Vertragspartner – etwa der bisherige Alleingesellschafter und ein am Erwerb interessierter Dritter – nur sicherstellen, daß in Zukunft kein anderer die Anteile erwerben kann. Nach dem ganzen System der Zusammenschlußkontrolle muß sich die Kartellbehörde darauf beschränken einzugreifen, sobald die Unternehmen ihre Pläne verwirklichen. Allein der „Fuß in der Tür", etwa der Erwerb einer nicht kontrollpflichtigen Minderheitsbeteiligung in Verbindung mit einem gesellschaftsrechtlich üblichen Vorkaufsrecht, ist trotz wettbewerblicher Relevanz nicht erfaßbar. Allerdings kommt es sicher auf die Gestaltung jedes Einzelfalls an. In einem anderen Zusammenhang hat der Bundesgerichtshof bereits anerkannt, daß unter Umständen eine gesellschaftsrechtliche Regelung, die es einem Minderheitsgesellschafter jederzeit durch einseitige Erklärung gestattet, sich die Mehrheitsbeteiligung zu verschaffen, wie eine Mehrheitsbeteiligung zu behandeln ist[17] – eine extensive Auslegung des § 23 Abs. 2 GWB, vielleicht nur als Analogie gerechtfertigt.

Problematischer ist in diesem Zusammenhang, daß der Gesetzgeber möglicherweise übersehen hat, daß die Stellung eines Gesellschafters nicht nur mit dem Erwerb weiterer Anteile, sondern auch beim Untergang der Anteile anderer Gesellschafter wachsen kann. Erwirbt die Gesellschaft eigene Anteile, werden die Stimmrechte daraus jedenfalls bis auf weiters nicht ausgeübt. Werden Anteile eines Gesellschafters eingezogen, repräsentieren die nominell unveränderten Anteile der anderen Gesellschafter anschließend einen größeren relativen Teil des verbliebenen stimmberechtigten Kapitals. Ob es gelingen wird, auch diesen Fall „inneren Wachstums" noch als einen *Erwerb* zu qualifizieren, ist mangels höchstrichterli-

[16] BKartA, 13. 6. 1983 „Klöckner/Seitz" WuW/E BKartA 2087 ff.
[17] BGH, 28. 9. 1982 „Springer/AZ" WuW/E BGH 1954, 1957.

cher Rechtsprechung noch offen. Würde der entsprechende Versuch des Bundeskartellamtes scheitern, wäre dies die Folge einer Anknüpfung an einen zivilrechtlichen Begriff.

2. Ich bin damit bereits bei dem zweiten Punkt angekommen, den ich hier bei der Zusammenschlußkontrolle zu behandeln versprach – den Erwerb von Minderheitsbeteiligungen. Abgesehen von den ohnedies schwierigen Wertungen solcher Beteiligungen in der zweiten Stufe – beim Untersagungstatbestand – tritt hier das Problem auf, daß der Gesetzgeber Zusammenschlußkontrolle nur zuläßt ab einer Beteiligung von 25 % des stimmberechtigten Kapitals. Wegen der Kürze der Zeit will ich hier ohne näheren Nachweis davon ausgehen, daß die Motive für die Festsetzung gerade dieser Grenze einerseits die auch schon bei Minderheitsbeteiligungen mögliche Einflußnahme auf die Geschäftstätigkeit des Unternehmens, andererseits das bei 25 % des stimmberechtigten Kapitals bereits erhebliche Gewicht des Minderheitsgesellschafters waren. Wenn dies so ist, dann ist die Grenze nicht ziffernmäßig zu sehen, sondern als Ausdruck und Umschreibung einer bei 25 % des stimmberechtigten Kapitals normalerweise erreichten gesellschaftsrechtlichen Position.

Damit lief der Gesetzgeber mit der Nennung eines Prozentsatzes in das offene Messer der gesellschaftsrechtlichen Gestaltungspraxis. Das jedenfalls hinsichtlich des Innenverhältnisses zwischen den Gesellschaftern äußerst anpassungsfähige Gesellschaftsrecht ermöglicht selbstverständlich durch einvernehmliche Anpassung des Gesellschaftsvertrages bzw. der Satzung, dem neu aufgenommenen Minderheitsgesellschafter eine wesentlich einflußreichere Position zu geben, als es eigentlich der rechnerischen Höhe seiner Beteiligung entspricht. Dazu bedarf es gar nicht erst eines ausdrücklichen Vetorechts für bestimmte wichtige Entscheidungen; es reicht aus, das Quorum so hoch anzusetzen, daß eine ausreichende Mehrheitsentscheidung ohne die Ja-Stimme des neuen Minderheitsgesellschafters nicht zustande kommen kann. Ein finanzieller Ausgleich läßt sich in diesem Fall durch entsprechende Festsetzung des Aufgeldes schaffen. Wenn dies wiederum eine Gewinnverteilung nach Nominalanteilen ausschließt, kann eine abweichende Gewinnverteilungsregelung und sogar eine abweichende Regelung der Verteilung eines eventuellen Liquidationserlöses vorgesehen werden.

In der Tat hat nun der Bundesgerichtshof in einer Grundsatzentscheidung die Festlegung der 25 %-Grenze wörtlich genommen[18]. Die These des Bundeskartellamtes, darin sei nur die Umschreibung einer gesellschaftsrechtlichen Position zu sehen, hat er nachdrücklich zurückgewie-

---

[18] BGH, 4. 10. 1983 „Elbe Wochenblatt II" WuW/E BGH 2031.

sen. Nun ist mir entgegenzuhalten, daß der Gesetzgeber in der Vierten Novelle von 1980 für einige Fälle bereits eine insgesamt wohl befriedigende Sonderregelung in § 23 Abs. 2 Nr. 2 Satz 4 GWB aufgenommen hat. Dieser Einwand ist richtig und wird deshalb von mir hiermit vorweggenommen. Trotzdem habe ich dieses Beispiel für die erheblichen Risiken, herrührend aus der Flexibilität und Anpassungsfähigkeit des Zivilrechts gewählt, weil es besonders deutlich ist und bereits in einer Reihe von Entscheidungen kontrovers entschieden wurde.

Dieses Beispiel dient aber zusätzlich noch zur Verdeutlichung eines weiteren Risikos, das ich darin sehe, daß der Gesetzgeber bereits 1973, dann aber noch einmal 1980 sehr weitgehend detaillierte Regelungen des Zusammenschlußtatbestandes getroffen hat, und dies dann bei Auftreten weiterer Schwachstellen auch in Zukunft noch einmal tun könnte. Je weiter er dabei in die Einzelheiten geht, um so eher werden sich die Gerichte auf den Standpunkt stellen, daß die nicht ausdrücklich geregelten Konzentrationssachverhalte eben keine Zusammenschlüsse im Sinne des Gesetzes sind, d. h. vom Gesetzgeber nicht der Zusammenschlußkontrolle unterstellt sind. Wer aus einem ganzen Strauß von Ausweichmöglichkeiten einzelne ausdrücklich regelt, verhindert damit ungewollt und nebenbei eine generalisierende Behandlung in Praxis und Rechtsprechung.

VI.

Damit bin ich bereits bei einer Schlußbemerkung. Ein Vergleich der Generalklausel des Kartellverbots und der ebenso aufwendigen wie detaillierten Gesetzgebungstechnik der Zusammenschlußkontrolle macht ein zusätzliches Risiko moderner Gesetzgebung deutlich. Bei der Generalklausel des Kartellverbots war die Rechtsprechung in der Lage, dessen Effizienz im Wege schrittweiser Auslegung auf der Grundlage der Zielvorstellungen des Gesetzgebers wirksam zu sichern, und sie ist aus meiner Sicht ihrer Aufgabe durch eine zielorientierte Anwendung des Kartellverbots voll gerecht geworden – und dies trotz der Anbindung des Kartellverbots an zivilrechtlich geprägte Begriffe und Sachverhalte. Die zivilrechtliche Herausforderung – um beim Thema zu bleiben – ist zurückgewiesen worden. Ob die Rechtsprechung mit hilfreicher Unterstützung der Wissenschaft in der Lage und bereit sein wird, dies auch für die eher kunstvoll gestaltete Zusammenschlußkontrolle zu leisten, ist zehn Jahre nach Inkrafttreten dieser Regelung trotz zweimaliger Novellierung keineswegs sicher. Hier steht das Zivilrecht mit seinen Gestaltungsmöglichkeiten dem Kartellrecht weiterhin herausfordernd im Wege. Ob der Weg zu sachgerechten Lösungen dadurch endgültig versperrt ist, bleibt noch offen.